BEI GRIN MACHT SICH IHR WISSEN BEZAHLT

AF135980

- Wir veröffentlichen Ihre Hausarbeit,
  Bachelor- und Masterarbeit

- Ihr eigenes eBook und Buch -
  weltweit in allen wichtigen Shops

- Verdienen Sie an jedem Verkauf

Jetzt bei www.GRIN.com hochladen und kostenlos publizieren

Mediengestaltung. Analyse von Social Media Kampagnen

Inhalt, Corporate Design, Zielsetzung sowie Wirkung und Resonanz

Daniel Scherb

Bibliografische Information der Deutschen Nationalbibliothek:

Die Deutsche Nationalbibliothek verzeichnet diese Publikation in der Deutschen Nationalbibliografie; detaillierte bibliografische Daten sind im Internet über http://dnb.d-nb.de abrufbar.

ISBN: 9783346289308
Dieses Buch ist auch als E-Book erhältlich.

Druck und Bindung: Books on Demand GmbH, Norderstedt Germany
Gedruckt auf säurefreiem Papier aus verantwortungsvollen Quellen

Das vorliegende Werk wurde sorgfältig erarbeitet. Dennoch übernehmen Autoren und Verlag für die Richtigkeit von Angaben, Hinweisen, Links und Ratschlägen sowie eventuelle Druckfehler keine Haftung.

Das Buch bei GRIN: https://www.grin.com/document/950340

Einsendeaufgabe

Aufgabe A – Analyse von Social Media-Kampagnen

Studiengang: Medien- und Kommunikationsmanagement

Modul: Mediengestaltung

Abgeschickt am 01.03.2016

SRH FernHochschule Riedlingen

von

Daniel Scherb (geb.Czapla)

Inhalt

Aufgabe A

Social Media ist in unserem heutigen Alltag fast nicht mehr wegzudenken. Netzwerke geben den Usern im Web 2.0 die Möglichkeit Fotos, Videos oder Meinungen zu veröffentlichen und sich untereinander auszutauschen. Neben dem größten und wohl bekanntesten Online-Netzwerk Facebook zählen auch Blogs, Foren und Videoplattformen wie YouTube unter die Kategorie „Social Network". Mehr als 1,5 Milliarden Menschen weltweit nutzen soziale Plattformen wie Facebook, Twitter, Google+ oder LinkedIn – eine riesige Plattform also, die inzwischen auch Unternehmen verstärkt nutzen, um ihre Kunden zu erreichen. Beim Social Media Marketing handelt es sich dabei um den Unternehmensauftritt in eben jenen sozialen Plattformen, allerdings nicht mit dem primären Ziel des Warenabsatzes oder den Verkauf einer Dienstleistung, es steht vielmehr die Kundenbindung und Imagebildung im Fokus.[1] Im Folgenden sollen drei Social Media-Kampagnen bekannter großer Firmen/Organisationen analysiert werden.

A1) Coca-Cola Kampagne „Trink 'ne Coke mit"

1.1   Inhalt und Themenschwerpunkt

Die ursprüngliche Idee der Social Media-Kampagne des Erfrischungsgetränkeherstellers Coca-Cola mit der Bezeichnung „Trink 'ne Coke mit" begann im Jahr 2011 in Australien („Share a Coke"), als Marketer aus Down Under den berühmten Schriftzug auf den Coca-Cola-Flaschen gegen Namen und Kosenamen auszutauschen. Im Mai 2013 erfolgte dann die globale Ausweitung der Marketing-Kampagne und ging bis Oktober desselben Jahres.[2] Nach einer Umfrage in Deutschland nach dem Vorhandensein eines besten Freundes bzw. einer besten Freundin, gaben 2013 rund 73 Prozent der Befragten an, einen oder mehrere beste Freunde/Freundinnen zu haben.[3] Beste Freunde sind immer für einen da, sie begleiten uns durch jede

---

[1] Vgl. Bernecker, Michael: 2015, S. 231
[2] Vgl. W&V (21.01.2016): http://www.wuv.de/
[3] Vgl. statista (21.01.2016): http://de.statista.com/

Lebenslage und man kann über alles mit ihnen reden. Die Zeit, die wir mit ihnen verbringen beschränkt sich jedoch meist nur auf wenige Tage im Monat oder im Jahr, dennoch sind wahre Freunde unverzichtbar. Diese Tatsache möchte Coca-Cola ändern und stellt das Thema „Freundschaft" daher in den Mittelpunkt seiner Kampagne „Trink 'ne Coke mit", dank dieser nun auf die Freundschaft angestoßen werden kann. Der legendäre Schriftzug auf dem Etikett der Flaschen und Dosen wurde ersetzt durch circa 150 verschiedene Vornamen und Kosenamen sowie Begriffe wie „Held", „Schatz" oder „Bruderherz". Der Anteil der Vornamen überwiegte dabei wesentlich mit 70 Prozent gegenüber denen der Kosenamen mit 30 Prozent.[4] Während der Fußballweltmeisterschaft 2014 wurden zusätzlich die Namen um die deutschen Nationalspieler erweitert. Die Flüssigkeitsbehälter wurden somit zu einem persönlichen Geschenk für die beste Freundin oder den besten Freund.[5] In den USA verwendete Coca-Cola dagegen rund 250 der beliebtesten Vornamen.[6] Das Besondere dabei: auf der Internetseite „coke.de" konnten sich Kunden und Fans der Marke eine Flasche mit eigenem Namen oder Spitznamen individualisieren und nach Hause schicken lassen. So entstanden vor allem in den USA auch Dosen mit Abkürzungen wie „BFF" für „Best Friends Forever" (zu Deutsch: Beste Freunde für immer). Zudem war es dem User auch möglich, die personalisierte Kreation über Facebook als virtuelle Flasche und Gruß an die Pinnwand seines Freundes oder seiner Freundin zu posten. Die einfache Anwendung und das leicht zu handhabende Tool ermöglichte es somit auch der jüngeren Generation das Kreieren personalisierter Flaschen. Bei den Kreationen handelte es sich jedoch nicht um vollständig selbst gestaltete Produkte, Coca-Cola gab eine Auswahl an rund 150 vorgefertigten Begriffe vor. Auch der weiße Coke-Schriftzug sowie die typische Flaschen- und Dosenform blieben erhalten, sodass ein Wiedererkennungswert in jedem Fall garantiert wird.[7] Bei der Umsetzung der Social Media-Kampagne waren einige namhafte Agenturen beteiligt: für die Kreation für Packaging und PoS-Aktionen war die Agentur Grey aus New York City zuständig, die Adaption der Kampagne für Deutschland übernahm Teamwork aus Essen, Online- und Mobile-Aktionen

---

[4] Vgl. W&V (21.01.2016): http://www.wuv.de/
[5] Vgl. Coca-Cola (21.01.2016): http://www.coca-cola-deutschland.de/media-newsroom
[6] Vgl. Handelsblatt (21.01.2016): http://www.handelsblatt.com/
[7] Vgl. Coca-Cola (21.01.2016): http://www.coca-cola-deutschland.de/stories

sowie Out-of-Home-Maßnahmen waren Bestandteil der Arbeit der Agentur Scholz & Volkmer aus Wiesbaden und die PR sowie Social Media und Web-Viral liefen über FischerAppelt Relations aus Hamburg in Zusammenarbeit mit Blogger Relations und Mediacom aus Düsseldorf.[8]

1.2 Gestalterische Elemente/Corporate Design

Coca-Cola verfolgt mit ihrem Unternehmensauftritt bereits seit Gründung ein frisches und kultiges Lebensgefühl mit dem Fokus auf Freiheit und Wohlbefinden. Der Slogan „Lebensfreude seit 1886" verkörpert diese Einstellung des Unternehmens auch noch heute.[9] Seinen Ausdruck findet diese „Lebensfreude" in der Hausfarbe Rot, welche aus den vier Grundfarben der CMYK-Farbpalette plus der Sonderfarbe Coca-Cola Rot 2000 besteht. Auch der unverkennbar geschwungene Schriftzug, welcher heutzutage nicht mehr genutzt wird, ist ein markantes Markenmerkmal und bietet einen hohen Wiedererkennungswert. Coca-Cola hat mit ihrer Kampagne „Trink ne Coke mit" genau auf diesen typischen Cola-Schriftzug und somit dem hohen Wiedererkennungswert verzichtet, indem dieser mit Vornamen und Kosenamen ausgetauscht wurde. Bei vielen Marken ist die Kombination des firmentypischen Logos oder Schriftzug mit den Hausfarben unumgänglich, um beim Rezipienten eine entsprechende Identifikation zu erreichen. Aufgrund der hohen Markenbekanntheit Coca-Colas konnte aber trotz fehlenden Schriftzuges eine Markenerkennung aufgrund langjähriger Konsistenz und anhaltender Wertevermittlung der Marke im Außenauftritt erreicht werden. Dies gelang unter anderem dadurch, dass die Konsumenten nur bedingt das Produkt individualisieren konnten. Es war zu keiner Zeit möglich, ein komplett neues Produkt mithilfe der Onlineanwendung zu entwerfen. Alle Cola-Dosen und -flaschen beinhalteten weiterhin die Hausfarben. Auch der typische und unverkennbare Flaschenhals hat dazu beigetragen, dass man diese sofort mit der Marke Coca-Cola assoziiert:

---

[8] Vgl. W&V (21.01.2016): http://www.wuv.de/
[9] Vgl. Coca Cola Company (26.01.2016): http://www.coca-cola-deutschland.de/

Abbildung 1: Cola-Dose im angepassten Corporate Design; Quelle: Coca-Cola

Begleitet wurde die Onlinekampagne von diversen Out-of-Home Maßnahmen, wie zum Beispiel große Werbeplakate an Tonwalls. Anders, als bei den individuellen Dosen und Flaschen, verzichtete man hier allerdings nicht auf das Coca-Cola Logo:

Abbildung 2: Werbeplakat an einer Tonwall; Quelle: TownWalker Media AG

1.3 Beabsichtigte Zielsetzung

Das Ziel der „Trink 'ne Coke mit"-Kampagne war zum einen, den Konsum der berühmten Brause zu steigern und mehr Konsumenten in die Geschäfte zu locken. Im zweiten Quartal im Jahr 2013 hatte der Getränkegigant, wie auch seine Konkurrenten Pepsi und Dr. Pepper, noch mit einem Umsatzrückgang von einem Prozent zu kämpfen. Zum anderen wollte der Konzern im

Onlinesegment weiterwachsen.[10]

In Europa wollte man mittels der Kampagne den Umsatz ebenfalls kräftig ankurbeln und insgesamt rund eine Milliarde der individuell etikettierten Cola-Flaschen und -Dosen unter das Volk bringen.[8] Mithilfe der Marketing-Kampagne verfolgt man auch weiterhin das allgemeine Missionsziel, welches bereits seit mehr als 125 Jahren besteht: Coke steht für Lebensfreude und dies möchte der Konzern rundum die Welt verkörpern und mithilfe der Marke wie auch den Aktivitäten für Optimismus sorgen.[11]

1.4 Wirkung/Resonanz bei den Zielgruppen/Konsumenten

Für Coca-Cola und ihre „Trink 'ne Coke mit"-Kampagne kann durchaus als voller Erfolg in Sachen Social Media-Marketing bezeichnet werden. In den USA war die braune Brause ein regelrechter Verkaufsschlager in den 12 Wochen bis Ende August 2013. Der Konzern konnte eine Umsatzsteigerung im besagten Zeitraum von rund 2,5 Prozent verzeichnen. Im Vergleich zum Vorjahreszeitraum griffen 0,4 Prozent der US-Konsumenten öfter zur roten Flasche.[12]

Auch in Deutschland konnte man eine Umsatzsteigerung von 8 Prozent verzeichnen, nicht zuletzt durch die Begünstigung durch die Fußball-WM. Kontinente wie Nordamerika, Asien und Afrika verzeichneten ebenfalls eine positive Resonanz auf die Kampagne.[13] Dank der viralen Online-Kampagne erreichte man in nur kürzester Zeit bereits zufriedene Nutzungszahlen. Die Customizing-App wurde in den ersten zwei Wochen fast 1 Millionen Mal besucht, die Customizing-Site meinecoke.de im selben Zeitraum 900.000 Visits und 12.000 Shares mit Bildern von personalisierten Dosen auf sozialen Plattformen. Die Online-Bestellungen wurde seitens Coca-Cola im fünfstelligen Bereich beziffert.[14] Allerdings wurde die Customizing-App von einigen Usern teilweise zweckentfremdet, indem beispielsweise Dosen mit Aufschriften wie „Viren", „Keimen" sowie diverse Beleidigungen und politisch motivierte

---

[10] Vgl. Handelsblatt (21.01.2016): http://www.handelsblatt.com/
[11] Vgl. Coca-Cola (21:01.2016): http://www.coca-cola-deutschland.de/unternehmen
[12] Vgl. The Wall Street Journal (21.01.2016): http://www.wsj.com/
[13] Vgl. Handelsblatt (21.01.2016): http://www.handelsblatt.com/
[14] Vgl. Horizont (21.01.2016): http://www.horizont.net/

Botschaften gestaltet wurden. Coca-Cola reagierte darauf allerdings umgehend, indem der Konzern die Datenbanken der App kontinuierlich optimierte, um einen Missbrauch ausschließen zu können.[14]

A2) Greenpeace mit Gamification-Petition: „Volkswagen – The Dark Side"

2.1 Inhalt und Themenschwerpunkt

Ausgangspunkt für die virale Online-Kampagne von Greenpace gegen den Automobilhersteller Volkswagen war der im Jahr 2011 vielseitig thematisierte globale Klimaschutz. Der gleichzeitig von Greenpeace veröffentlichte Bericht „Die dunkle Seite des Volkswagen Konzerns", welcher deutlich machen sollte, „wie der Konzern seit Jahren Konzepte für Ein-, Zwei- und Drei-Liter-Autos entwickelt, während er im Verkauf vor allem auf Spritschlucker setzt", war unter anderem der Hintergrund der viralen Kampagne, so Greenpeace.[15] Volkswagen beteiligte sich seinerzeit nicht an der freiwilligen Minus-30-Prozent-Aktion, die eine Kohlenstoffdioxidreduktion bis 2020 von 30 anstatt 20 Prozent vorsah. Andere große Firmen hingegen wie Google, Sony oder Ikea nahmen an dieser freiwilligen Selbstverpflichtung teil. Des Weiteren warf Greenpeace dem Volkswagen-Konzern aktive Lobbyarbeit gegen eine Einführung strengerer Grenzwerte für CO2-Emmissionen von Autos vor. Die von VW entwickelte Blue Motion-Technik, die zu einer deutlichen Einsparung von Kraftstoff für Fahrzeuge führen soll, wurde „lediglich als Nischenprodukt – das heißt zu beträchtlich höheren Stückpreisen als vergleichbare Modelle ohne Blue Motion" vermarktet, wie es auf dem offiziellen Greenpeace-Blog hieß.[16] Diese Kritik wurde in Form einer Gamification-Petition seitens Greenpeace mit dem Namen „Volkswagen – The Dark Side" unterstrichen. Gamification (von engl. „game" = Spiel) wird im Teilbereich des Content-Marketings eingesetzt. Dabei geht es um die spielerische Vermittlung von Content, zum Beispiel über soziale Netzwerke oder interaktive Anwendungen. Durch die Games-Atmosphäre setzt sich der User intensiv mit dem Content auseinander, da dieser nicht offensichtlich als

---

[15] Vgl. Focus Online (22.01.2016): http://www.focus.de/
[16] Vgl. Greenpeace Blog (22.01.2016): http://blog.greenpeace.de/

Werbeaktion empfunden wird. Durch spielerische Anreize, wie ein Punktesystem, die Möglichkeit zum Erwerb von Auszeichnungen oder virtuellen Gütern wie auch der Aufstieg durch mehrere Levels wird besonders der menschliche Spieltrieb und der kompetitive Charakter des Menschen angesprochen. Dadurch lässt sich insbesondere eine erhöhte Markenbindung zum Unternehmen verfolgen, wie auch die Möglichkeit, den User aktiv für die Unternehmensziele zu gewinnen.[17] Die Marketing- und Community Managerin von GroupHigh, Kristen Matthews umschreibt Gamification wie folgt: „To put it simply, gamification incorporates fun and an element of competition to a marketing strategy".[18] Greenpeace nutzte diese besondere Art des Content-Marketings im Rahmen der Social Media-Kampagne für sich und rief zur Rebellion gegen „die dunkle Seite", respektive dem Volkswagen-Konzern, die eigens für die Kampagne ins Leben gerufene Website „vwdarkside.com" auf. Unterstützer konnten nach der Registrierung auf der Seite ein Jedi-Training absolvieren, mit dem sie eine eigene Seite innerhalb der vwdarkside-Website erhalten haben, um so Freunde einzuladen und gemeinsam gegen „die dunkle Seite" kämpfen zu können. Für jeden geworbenen Freund über Facebook, Twitter oder E-Mail erhielt der User Machtpunkte, mit dem sein Jedi-Schwert gestärkt wurde. Bei maximaler Punktzahl erhielt dieser ein T-Shirt von Greenpeace, als Dank für die Unterstützung.[19]

Parallel zur Onlinepetition parodierte Greenpeace den durch das Super-Bowl-Finale weltweit berühmtgewordenen TV-Spot von VW „The Force" im Zuge einer groß angelegten Crossmedia-Aktion. Im Originalspot von VW, welcher inzwischen weit über 60 Mio. Aufrufe zu verzeichnen hat, ist dabei ein kleiner Junge als Bösewicht „Darth Vader" verkleidet und versucht mit der Macht diverse Alltagsgegenstände zu beeinflussen, jedoch ohne Erfolg. Als der Vater mit dem 2012er Modell des VW Passats nach Hause kommt, reagiert das Auto auf die Anweisungen von „Darth Vader"-Junior und entriegelt sich. Was der Junge jedoch nicht weiß ist, dass der Vater via Fernbedienung nachgeholfen hat.[20] Die Parodie von Greenpeace beginnt an jener Stelle, wo der offizielle

---

[17] Vgl. Contilla (22.01.2016): http://www.contilla.de/
[18] Vgl. Convince&Convert (22.01.2016): http://www.convinceandconvert.com/
[19] Vgl. Thomas Hutter (25.01.2016): http://www.thomashutter.com/
[20] Vgl. YouTube (26.01.2016): https://www.youtube.com/

VW-Spot endet. Eine Gruppe von Kindern, verkleidet als diverse Star-Wars-Figuren, die die Rebellenallianz verkörpern soll, stellen sich dabei mit ihren Laserschwertern in den Weg des kleinen „Darth Vaders", um den Start des Passats zu verhindern. Am Ende des Videos sieht man den durch die Star-Wars-Reihe bekannten Todesstern mit VW-Logo, der die Erde mit einem Laserstrahl vermeintlich vernichten will und folgender Titel wird eingeblendet: „VW is threatening our planet by opposing cuts to CO2 emissions. Join the rebellion." sowie einen Verweis auf den zweiten Teil der Parodie. „VW: The Dark Side Episode 2", welche nur kurze Zeit nach Veröffentlichung des ersten Teils auf YouTube hochgeladen wurde, zeigt schließlich die Resignation des jungen „Darth Vader" und ein Greenpeace-Banner überdeckt dabei den „VW-Todesstern" mit den Worten „Save the Planet – Greenpeace". Am Ende tanzen alle Kinder und folgender Satz wird eingeblendet: „Together we can turn away VW from the Dark Side."

2.2   Gestalterische Elemente/Corporate Design

Die für die Maßnahme genutzten Medien (Video und Website) nahmen grundlegend das Corporate Design von Volkswagen auf. Im Video wird ganz offensichtlich ein Modell der VW-Reihe gezeigt und auch die Bildmarke des Konzernes in Form des Todessterns ist deutlich zu erkennen. Die offizielle Website zur Gamification-Petition ist ebenfalls geprägt von dem Corporate Design   des   Automobilherstellers   Volkswagens.

Abbildung 3: Screenshot der Website vwdarkside.com; Quelle: Greenpeace

Auch das offizielle Motiv der Kampagne ist stark an den bekannten Werbebanner des Volkswagen-Konzern angelehnt.

Abbildung 4: offizielles Werbemotiv; Quelle: Greenpeace

Lediglich die typische Wortmarke „Greenpeace" in der rechten oberen Ecke der Homepage, wie auch der Banner über dem Todesstern im Video deuten auf eine Kampagne der Umweltschutzorganisation hin. Auf die Hausfarbe Gelb mit grünen Logo, welche unter anderem auch stark auf der offiziellen Homepage von Greenpeace vertreten ist, wurde wie bei bereits vorangegangenen Aktionen bewusst verzichtet (zum Beispiel ähnliche virale Kampagne gegen Süßigkeiten-hersteller Nestlé[21]). Dadurch wird wissentlich eine Identifikation mit der Marke Volkswagen hergestellt, sodass der Betrachter der Kampagne im ersten Moment diese mit der Marke VW assoziiert, ohne das genaue Thema zu kennen.

2.3   Beabsichtigte Zielsetzung

Auf dem offiziellen Blog der Umweltschutzorganisation Greenpeace beschreiben die Verantwortlichen den Hintergrund und die Zielsetzung der Onlinekampagne wie folgt: „a new global campaign to change Volkswagen by turning them away from the Dark Side; Despite the green image it likes to portray, VW is at the heart of a group of companies lobbying against new laws which we need to cut CO2 emissions, reduce our oil use and protect places like the Arctic from climate change. Only a rebellion can stop them – a mass of people from all across the globe – demanding that they change. We need you to be part of that rebellion."[22] Greenpeace wollte somit einmal mehr auf die Folgen und Gefahren des Klimawandels durch zu hohe CO2-Emmissionen aufmerksam machen und möglichst viele Befürworter, respektive Unterstützer für den Umweltschutz akquirieren. Weiter möchte die Organisation VW auf „die gute Seite" bringen, da diese über die entsprechenden Technologien und

---

[21] Vgl. Greenpeace (25.01.2016): https://www.greenpeace.de/
[22] Vgl. Greenpeace (25.01.2016): http://www.greenpeace.org/international/en/

Ingenieure verfügen, um das Thema „Umweltschutz" effektiv angehen zu können. Greenpeace sieht in Volkswagen also nicht nur das Negative, sondern eher einen möglichen Lösungsansatz, um dem globalen Klimawandel entgegenzuwirken.[22]

2.4 Wirkung/Resonanz bei den Zielgruppen/Konsumenten

Durch die geschickte Kombination aus einem ansprechenden Kurzfilm, dem passenden Zeitpunkt und der Zuschauermenge zum Super-Bowl-Finale, wie auch der effektive Einsatz sozialer Medien machte den Werbe-Spot von VW weltberühmt und war laut Luca de Meo (seiner Zeit VW Marketingmanager, aktuell Vorstandsvorsitzender bei SEAT[23]) das meist diskutierte Video aller Zeiten.[24] Dank dieser Popularität benötigte Greenpeace kaum finanzielle Mittel, um ihrer viralen Gegenkampagne mittels der Verbreitung des Videos im Internet voranzutreiben. Ein Indikator für den Erfolg der Umweltschutzorganisation ist zum einen die ansteigende Anzahl an „Gefällt mir" auf der offiziellen Facebook-Seite. Hier konnte ein Plus von über 700 Likes innerhalb der ersten Stunde nach Veröffentlichung des Videos verzeichnet werden. Auch auf dem Kurznachrichtendienst Twitter war „Greenpeace" das meist genutzte Schlagwort in den Twitter-Nachrichten.[25] Auch gab es viel Lob für die Aktion in den sozialen Netzwerken seitens der User, beispielsweise hieß es unter anderem „Großartige Kampagne".[26] Seitens des VW Konzern hieß es als Reaktion der Kampagne unter anderem Folgendes: „Wir können die Kritik von Greenpeace nicht nachvollziehen. Der Volkswagen-Konzern konnte die CO_2-Emissionen der EU-27-Neuwagenflotte von 166 Gramm (2006) auf 144 Gramm (2010) reduzieren, dies entspricht einer Reduktion von über 13 Prozent. Wir haben über 20 Konzernfahrzeuge im Modellprogramm, die unter 100 Gramm/km CO_2 ausstoßen (...) Zudem hat es vor rund zwei Wochen Gespräche zwischen Volkswagen und Greenpeace gegeben. In einer Mail von Greenpeace an die Volkswagen-Pressestelle äußert sich Greenpeace positiv hinsichtlich der von Volkswagen erreichten Fortschritte bei der Reduktion von CO_2-Emissionen."[26]

---

[23] Vgl. Seat (25.01.2015): http://www.seat.de/
[24] Vgl. Thomas Hutter (25.01.2016): http://www.thomashutter.com/
[25] Vgl. Social Media Research (25.01.2016): http://social-media-research.org/
[26] Vgl. Focus Online (25.01.2016): http://www.focus.de/

Zwischenzeitlich wurde die Parodie des Werbespots von VW vom US-Unternehmen Lucasfilm wegen unerlaubter Nutzung der bekannten Star-Wars-Musik, wie auch -requisiten vom YouTube-Channel gelöscht. Greenpeace veröffentlichte daraufhin das Video auf der Videoplattform Vimeo.[27]

A3) Ben & Jerry's macht dich zum Werbestar: „Capture Euphoria"

3.1 Inhalt und Themenschwerpunkt

Durch die steigende Relevanz des Onlinemarketings heißt es unter anderem immer wieder, dass die klassische Printwerbung an Bedeutung verliert. Dass man Online- und Print-Marketing heutzutage allerdings durchaus verbinden kann und vor allem der Bereich Print keineswegs an Bedeutung verliert, bewies im Jahr 2012 der amerikanische Eiscremehersteller Ben & Jerry's mit einem Aufruf an seine Fans auf der sozialen Plattform Instagram. Bei der Social Media-Kampagne „Capture Euphoria" handelte es sich um eine Art Onlinefotowettbewerb, bei dem die Fans und Follower des Unternehmens ein Bild von sich mit ihren persönlichen Glücksmomenten aus dem Alltag auf Instagram hochladen und mit dem Hashtag „#captureeuphoria" versehen sollten. Alle mit dem entsprechenden Hashtag markierten Bilder wurden zum einen auf der Homepage von Ben & Jerry's in der „Euphoria Gallery" ausgestellt.[28] Zum anderen konnten die User mit ihrem Foto Teil einer großen Imagekampagne des Eiscremeherstellers werden. Die 25 außergewöhnlichsten Fotos wurden dabei vom Unternehmen ausgewählt und als individuelle Print-Anzeigen, auf Plakatwänden oder als Flyer in der unmittelbaren Wohnumgebung des Gewinners platziert – der Zustimmung des Betroffenen vorausgesetzt. Dabei wussten die Beteiligten lediglich von der Verwendung des Fotos; der zeitliche Rahmen sowie die mediale Umsetzung blieb jedoch eine Überraschung. Die erste Gewinnerin, die somit den offiziellen Start der Print-Kampagne einläutete, überraschte Ben & Jerrys mit einem Besuch zu Hause,

[27] Vgl. Handelsblatt (25.01.2016): http://www.handelsblatt.com/
[28] Vgl. Fast Company (26.01.2016): http://www.fastcompany.com/

kostenloser Eiscreme und einem Exemplar des *Boston Phoenix*. Die Rückseite des Magazins zeigte das von ihr markierte Foto. Weitere Gewinnerfotos wurden unter anderem an Bushaltestellen, auf Werbeflächen von Taxis, in regionalen wie teilweise auch nationalen Magazinen oder auf Plakatwänden platziert.[29] Die Namensgebung der Kampagne hatte dabei ihren Ursprung bereits zu Beginn der Unternehmenstätigkeit vor über 35 Jahren. Bereits damals entschied man sich für den Begriff „euphoric" (dt.: euphorisch), um die Erfahrungen und Erlebnisse der Fans mit Ben & Jerry's zu umschreiben. So hat es für den Marketing Manager, Jay Curley, ebenso Sinn gemacht, die Social Media-Kampagne unter dem Motto „Capture Euphoria" laufen zu lassen, „because we felt it gave our fans a way to express euphoria from their own particular point of view: from sunsets to smiles to ice cream sundaes". Für die Umsetzung der Printwerbung war die kreative Agentur Silver + Partners zuständig, die Mediaplatzierung übernahm Haworth Marketing + Media.[30]

3.2 Gestalterische Elemente/Corporate Design

Der Onlineauftritt von Ben & Jerry's beschränkt sich bei dieser Kampagne hauptsächlich auf die Instagram-Seite, wie auch der „Euphoria Gallery" auf der offiziellen Website des Unternehmens. Der Bildanteil der User überwiegt hier natürlich deutlich, allerdings ist das Design in den Hausfarben Blau, Grün und Weiß gehalten. Ähnlich der Verpackung zieren auch hier die typischen Wolken auf einem intensiven blauen Himmel und Rinder, die auf einer grünen Wiese grasen, die Plakate, Anzeigen und sonstige Printmedien. Auf fast allen Plakaten bedankt sich Ben & Jerry's bei dem oder der Gewinner/-in mit „@" dem entsprechenden Namen und folgenden Worten „thanks for sharing your chunk-induced euphoria" in der eigenen Hausschrift.

---

[29] Vgl. Direct Marketing News (26.01.2016): http://www.dmnews.com/
[30] Vgl. Fast Company (26.01.2016): http://www.fastcompany.com/

Abbildung 5: Plakat an Bushaltestelle; Quelle: Fast Company

Abbildung 6: große Werbeanzeige; Quelle: Haworth.com

Die bekannten Kuhillustrationen sollen dabei die gelebten Werte von Ben & Jerry's vermitteln und für bestmögliche Qualität stehen. Gleichzeitig wird aber auf Themen wie Umweltschutz, Tierschutz und soziale Standards hohen Wert gelegt, um somit ein verantwortungsbewusstes und gesundes Wachstum des Unternehmens anzustreben.[31]

3.3   Beabsichtigte Zielsetzung

Ben & Jerry's wollte sich mit der Social Media-Kampagne „Capture Euphoria" insbesondere bei seinen Fans und Follower bedanken. Wie Michael Hayes, der Assistent des Digital Marketing Manager, in einem Statement äußerte, verfügt die Firma über eine der aktivsten und treuesten Fan-Communitys in den sozialen Netzwerken. Mit „Capture Euphoria" wollte man sich nicht nur in einer sehr besonderen, sehr öffentlichen Art und Weise bei den Anhängern bedanken, sondern man wollte jene Leidenschaft der Fans gegenüber dem

---

[31] Vgl. Ben & Jerry's (26.01.2016): http://www.benjerry.de/

Produkt – der Eiscreme – als auch der aufgebrachten Loyalität gegenüber der Firma als solches zum Ausdruck bringen.[32]

Durch eine solch offen kommunizierte Verbundenheit seitens Ben & Jerry's mit seinen Fans und Kunden, dürfte man aber unter anderem auch die Absicht der Imagepflege für das Unternhmen verfolgt haben. In Verbindung mit der hohen Initiative an Wohltätigkeitsarbeit und sozialem Engagement in Bereichen wie faire und globale Wirtschaft bis hin zu Umweltschutzaktivitäten, lässt sich hier ein modernes Unternehmensbild mit nicht unbedingt branchenüblichen Werten und Visionen ausmachen, welches ebenfalls zu einem positiven Unternehmensimage beiträgt.[33]

3.4 Wirkung/Resonanz bei den Zielgruppen/Konsumenten

Die Social Media-Kampagne erfreute sich einer großen Beliebtheit, insbesondere bei der bereits vorhandenen großen und sehr aktiven Community. Innerhalb weniger Wochen wurden auf Instagram Fotos mit dem Tag #captureeuphoria von über 18.500 Fans hochgeladen. Auch die Anzahl an Instagram-Follower stieg deutlich um 40 Prozent. Zusätzlich wurde die Kampagne mit dem Project Isaac Award für die beste „local media invetion" ausgezeichnet.[34] Der große Erfolg dürfte unter anderem auch an der erfolgreichen Verknüpfung von klassischer Printwerbung mit den facettenreichen Möglichkeiten des Onlinemarketings, insbesondere durch die Ausnutzung der Stärken von Social Media, liegen. Durch die gezielte Platzierung der Werbeplakate in der unmittelbaren Wohngegend des Gewinners und dessen Gesicht darauf abgebildet, wurden insbesondere die Freunde, Bekannte, Arbeitskollegen und Nachbarn auf die Aktion aufmerksam, welche sich dann automatisch mit der Marke Ben & Jerry's wie auch der Kampagne beschäftigten.[35] Die Fans wurden durch die Mitmach-Aktion über das soziale Netzwerk zu authentischen Markenbotschaftern für das Unternehmen.

[32] Vgl. BusinessWire (26.01.2016): http://www.businesswire.com/
[33] Vgl. Ben & Jerry's (26.01.2016): http://www.benjerry.de/
[34] Vgl. Haworth (26.01.2016): http://www.haworthmedia.com/
[35] Vgl. t3n (26.01.2016): http://t3n.de/

Ähnlich wie bereits bei der Social Media-Kampagne von Coca-Cola, nahmen nicht alle User die Aktion so an, wie es sich das Unternehmen gewünscht hatte. Einige Bilder, die weder eine euphorische oder positive Stimmung vermittelten, wurden hochgeladen und mit dem entsprechenden Hashtag #captureeuphoria versehen. Darunter sind Fotos von verlassenen Straßen, depressiv wirkenden Personen oder auch „pictures of people's butts" zu sehen. Das Problem lag offensichtlich an einer fehlenden Filterung, sodass jedes Foto mit dem entsprechenden Hashtag in der Galerie erschien. Ben & Jerry's hat diese Bilder allerdings zu einem späteren Zeitpunkt aussortiert, sodass diese unter anderem nicht mehr in der „Euphoria Gallery" zu sehen waren.[36]

---

[36] Vgl. Business Insider (26.01.2016): http://www.businessinsider.com/

Abbildungsverzeichnis

Literaturverzeichnis

Bernecker, M.: Marketing: Grundlagen – Strategien – Instrumente. 6. Auflage. Köln. 2015

Internetverzeichnis

Ben & Jerry's (26.01.2016): http://www.benjerry.de/unsere-mission

Business Insider (26.01.2016): http://www.businessinsider.com/sabotage-of-ben-and-jerrys-captureeuphoria-instagram-contest-2012-11?IR=T

BusinessWire (26.01.2016): http://www.businesswire.com/news/home/20121116005688/en/Ben-Jerrys-Celebrates-Instagram-Fans-Launch-Capture

Coca-Cola (21.01.2016): http://www.coca-cola-deutschland.de/media-newsroom/pressemitteilungen/eine-coke-auf-die-freundschaft-neue-kampagne-ermoglicht-personalisierte-coca-cola

http://www.coca-cola-deutschland.de/stories/dein-name-auf-der-coke-die-erfolgreiche-coca-cola-kampagne-erhaelt-den-effie

http://www.coca-cola-deutschland.de/unternehmen/mission-und-werte

http://www.coca-cola-deutschland.de/unternehmen/historie

Contilla (22.01.2016): http://www.contilla.de/gamification-content-marketing

Convince&Convert (22.01.2016): http://www.convinceandconvert.com/social-media-case-studies/why-gamification-works-how-brands-are-marketing-with-fun/

Fast Company (26.01.2016): http://www.fastcocreate.com/1681963/how-ben-jerry-s-is-using-instagram-to-feed-a-bond-with-ice-cream-lovers

Focus Online (22.01.0216): http://www.focus.de/digital/internet/virale-greenpeace-aktion-star-wars-video-attackiert-volkswagen_aid_640839.html

Greenpeace Blog (22.01.2016): http://blog.greenpeace.de/blog/2011/06/28/vw-von-der-dunklen-seite-der-macht-verfuehrt

Greenpeace (25.01.2016):

http://www.greenpeace.org/international/en/de/news/Blogs/makingwaves/join-the-rebellion-and-turn-vw-away-from-the-/blog/35474/

https://www.greenpeace.de/themen/waelder/jahresrueckblick-der-aktuelle-stand-der-nestle-kampagne

Handelsblatt (21.01.2016): http://www.handelsblatt.com/unternehmen/handel-konsumgueter/erfolgreiche-kampagne-coca-cola-darf-auf-sich-selbst-anstossen/10768146.html

Haworth (26.01.2016): http://www.haworthmedia.com/work/ben-jerrys-capture-euphoria/

Horizont (21.01.2016): http://www.horizont.net/marketing/nachrichten/Coca-Cola-Softdrinkriese-liefert-erste-Zahlen-zu-Trink-ne-Coke-mit...-115810

Seat (25.01.2016): http://www.seat.de/ueber-seat/news-events/aktuell/luca-de-meo-new-executive-commitee-chairman-seat.html

Statista (:21.01.2016):

http://de.statista.com/statistik/daten/studie/291704/umfrage/umfrage-in-deutschland-zu-besten-freunden/

Social Media Research (25.01.2016): http://social-media-research.org/fallbeispiel-vw-vs-greenpeace/

t3n (26.01.2016): http://t3n.de/news/social-media-kampagnen-hall-of-fame-510644/

The Wall Street Journal (21.01.2016): http://www.wsj.com/articles/share-a-coke-credited-with-a-pop-in-sales-1411661519

Thomas Hutter (25.01.2016):

http://www.thomashutter.com/index.php/2011/06/social-media-greenpeace-vs-volkswagen-vw-dark-side/

W&V (21.01.2016):

http://www.wuv.de/marketing/share_a_coke_coca_cola_fuehrt_erfolgskampagne_weiter

http://www.wuv.de/marketing/beruehmte_brause_mit_neuen_namen_coca_cola
_trennt_sich_von_seinem_schriftzug

YouTube (25.01.2016): https://www.youtube.com/watch?v=R55e-uHQna0